Salem Miqil

Enseignement de la communication non verbale en classe de FLE

Salem Miqil

Enseignement de la communication non verbale en classe de FLE

Didactique de langue

Presses Académiques Francophones

Impressum / Mentions légales
Bibliografische Information der Deutschen Nationalbibliothek: Die Deutsche Nationalbibliothek verzeichnet diese Publikation in der Deutschen Nationalbibliografie; detaillierte bibliografische Daten sind im Internet über http://dnb.d-nb.de abrufbar.
Alle in diesem Buch genannten Marken und Produktnamen unterliegen warenzeichen-, marken- oder patentrechtlichem Schutz bzw. sind Warenzeichen oder eingetragene Warenzeichen der jeweiligen Inhaber. Die Wiedergabe von Marken, Produktnamen, Gebrauchsnamen, Handelsnamen, Warenbezeichnungen u.s.w. in diesem Werk berechtigt auch ohne besondere Kennzeichnung nicht zu der Annahme, dass solche Namen im Sinne der Warenzeichen- und Markenschutzgesetzgebung als frei zu betrachten wären und daher von jedermann benutzt werden dürften.

Information bibliographique publiée par la Deutsche Nationalbibliothek: La Deutsche Nationalbibliothek inscrit cette publication à la Deutsche Nationalbibliografie; des données bibliographiques détaillées sont disponibles sur internet à l'adresse http://dnb.d-nb.de.
Toutes marques et noms de produits mentionnés dans ce livre demeurent sous la protection des marques, des marques déposées et des brevets, et sont des marques ou des marques déposées de leurs détenteurs respectifs. L'utilisation des marques, noms de produits, noms communs, noms commerciaux, descriptions de produits, etc, même sans qu'ils soient mentionnés de façon particulière dans ce livre ne signifie en aucune façon que ces noms peuvent être utilisés sans restriction à l'égard de la législation pour la protection des marques et des marques déposées et pourraient donc être utilisés par quiconque.

Coverbild / Photo de couverture: www.ingimage.com

Verlag / Editeur:
Presses Académiques Francophones
ist ein Imprint der / est une marque déposée de
OmniScriptum GmbH & Co. KG
Heinrich-Böcking-Str. 6-8, 66121 Saarbrücken, Deutschland / Allemagne
Email: info@presses-academiques.com

Herstellung: siehe letzte Seite /
Impression: voir la dernière page
ISBN: 978-3-8381-7719-9

Copyright / Droit d'auteur © 2014 OmniScriptum GmbH & Co. KG
Alle Rechte vorbehalten. / Tous droits réservés. Saarbrücken 2014

Remerciement

Je tiens à exprimer ma plus vive reconnaissance à mon Directeur de Recherche, Monsieur le Professeur Günter SCHMALE, sans qui ce travail n'aurait pas été possible. Je le remercie très sincèrement pour la confiance qu'il m'a accordée en acceptant de diriger cette recherche. Par son soutien, sa disponibilité, ses précieux conseils.

Résumé

Notre expérience d'enseignement du FLE en Libye nous a amené à observer que les apprenants Libyens ont des problèmes de communication, parmi lesquels le fait qu'ils ont des difficultés tant à décoder qu'à encoder le sens des messages non verbaux. Dans cette étude, nous voulons contribuer à l'analyse des éléments non-verbaux dans une perspective statique, linguistique, culturelle et didactique. Notre attention s'est portée aussi sur la collaboration entre l'analyse du discours oral dans la CNV et l'enseignement du FLE, indispensable à la réalisation de cette étude. L'objectif principal de cette étude est de développer en un inventaire des signes non-verbaux pour l'application à l'enseignement et à l'apprentissage de FLE. Parmi les nombreux aspects non-verbaux, notre analyse s'est concentrée sur les gestes des Français identifiés dans le feuilleton ***Plus Belle la Vie***. Nous avons également pris en compte l'importance des signes statiques comme «valeur éducative » de la CNV pour enseigner/apprendre la dimension culturelle et interculturelle de la culture cible.

Table des matières

Introduction 3

Problématique 5

Objectifs 6

Méthodologie 7

Le document authentique vidéo 7

La communication humain et la communication non verbale 8

La culture, l' interaction, la communication et la langue 8

Spécificités de la CNV en Libye 15

Choix du feuilleton *Plus Belle La Vie* comme corpus 15

Définitions et caractérisations de la CNV dans notre étude 16

L'intérêt scientifique et didactique de la communication
non verbale en classe de FLE 18

Classification et inventaire des signes de la CNV dans notre corpus 23

Unité d'enseignement de la CNV destinée aux apprenants de FLE 28

1- Proposition d'activités pour les niveaux débutants 29

2- Proposition d'activités pour les niveaux intermédiaires 33

3- Proposition d'activités pour les niveaux avancés 35

Objectifs et résultats à atteindre en classe de langue 36

Chapitre 10: Expérience la CNV en classe de langue 39

Discussion 40

Conclusion 40

Bibliographie 45

Introduction

Dans le domaine des interactions entre les individus, la communication verbale n'est pas le seul moyen par lequel ceux-ci expriment leurs véritables sentiments et leurs émotions. Une grande part de la communication interpersonnelle s'effectue par des voies non verbales, lesquelles sont particulièrement importantes en tant que système d'indices permettant de mettre en lumière non seulement la signification littérale des énoncés, mais aussi les significations sous-jacentes réelles que les émetteurs ou les inter-actants ont l'intention de communiquer.

L'aspect extérieur et l'attrait physique jouent un rôle important dans toutes les interactions, puisque c'est le premier aspect que les gens perçoivent de l'autre : les vêtements, ornements, les bijoux, les accessoires (lunettes de soleil), le maquillage, les tatouages ou piercings etc. aident à construire une image de soi, c'est pourquoi les gens passent une quantité remarquable d'énergie, de temps et d'argent pour contrôler leur apparence.

Il existe un degré d'universalité dans les divers aspects de la communication non verbale, et la recherche concernant la gestuelle a mis en évidence certaines similitudes largement partagées. Ainsi, dans de nombreuses cultures, le fait de hocher la tête peut signifier l'épuisement, la fatigue ou bien « oui/non » ; ou encore lorsqu'une personne tapote des doigts, cela peut indiquer son état d'exaspération ou d'ennui. Mais il existe également une grande quantité de variations culturelles dans l'utilisation et l'interprétation de la communication non verbale.

L'étude de la culture nous apprend que la structuration des mondes perceptuels est une fonction non seulement de la culture spécifique, mais aussi de la relation, de l'activité et des émotions présentes dans une situation donnée. Ainsi, lorsque deux personnes de cultures différentes interagissent, chacune d'elles utilise des critères différents pour interpréter le comportement de l'autre, et chacune peut facilement mal interpréter la relation, l'activité, ou les émotions impliquées, provoquant parfois de sérieux malentendus.

Ces difficultés peuvent survenir plus particulièrement dans des contextes où les locuteurs sont issus de deux cultures différentes, avec des conventions et des normes de communication non-verbale très différentes, et qui ont relativement peu l'expérience d'interagir les uns avec les autres. C'est le cas de notre étude où, dans le contact interculturel

Libyens-Français, les apprenants Libyens ont très peu d'expérience directe de la langue française.

Lorsque la communication s'effectue dans un contexte d'interaction, un processus de négociation de sens se produit entre les émetteurs. Inconsciemment, chaque partie observe, puis interprète les indices non-verbaux du discours de l'autre interlocuteur, et ceci corrélativement au décodage et à l'interprétation de ses messages verbaux. Lorsque les interlocuteurs concernés participent de la même culture, les problèmes sont moins susceptibles d'intervenir dans ce processus d'interprétation. Cependant, la recherche a mis en évidence la façon dont les difficultés et les erreurs de communication peuvent se poser pour les inter-actants de cultures différentes. Alors que chaque émetteur peut faire confiance à son interprétation en fonction de son propre contexte culturel et ses expériences, dans un contexte interculturel, les émetteurs peuvent être confrontés à la difficulté à évaluer si leurs interprétations sont bonnes ou mauvaises, mettant l'accent sur le potentiel de malentendus qui peuvent surgir dans l'interprétation des comportements non-verbaux, tels que les expressions du visage : « Un visage peut raconter beaucoup d'histoires. » Ce dicton populaire exprime bien le fait que l'information véhiculée à travers les comportements non-verbaux d'un individu peut être ambiguë, et qu'elle ne traduit pas toujours l'intention profonde qui fonde ces comportements.

L'utilisation de ces éléments a un fort impact sur les relations interpersonnelles à tous les niveaux, en particulier dans l'oralité. Il est vrai que chacun de nous peut communiquer uniquement par gestes (ouvrir et bouger sa main pour dire «bonjour»), mais il est également vrai que la plupart du temps, nous utilisons la communication non verbale pour accompagner ce qui est verbalement dit. Pour cette raison, nous avons décidé de lui accorder un rôle central dans l'analyse du discours oral dans notre étude: sans elle, il serait difficile d'analyser l'incidence de la communication non-verbale et de la correspondance entre ce qui est dit et ce qui est fait. En outre, une fois confirmée cette présence importante et l'influence mutuelle entre la communication verbale et non verbale, il est important de considérer comment l'enseignement d'une seconde langue sera fait.

En Libye, encore aujourd'hui, le français a clairement le statut d'une langue étrangère, et la majorité des apprenants Libyens, même de niveau universitaire, n'ont jamais – ou de façon très limitée – été en contact avec des locuteurs natifs. La capacité des diplômés à utiliser le français de manière efficace dans les interactions interculturelles n'a pas encore atteint les niveaux souhaités.

Il est donc important de comprendre que les phénomènes non-verbaux sont dignes d'être l'objet d'une étude, dans la mesure où ces éléments sont vraiment utiles pour le bon l'apprentissage de la langue et la culture cible.

Problématique

Notre expérience d'enseignement du FLE en Libye nous a amené à observer que les apprenants Libyens ont des problèmes de communication, parmi lesquels le fait qu'ils ont des difficultés tant à décoder qu'à encoder le sens des messages non verbaux. Ceci peut être lié au fait que les enseignants universitaires de nationalité libyenne sont pris comme modèles. Or ceux-ci ont souvent eux-mêmes des problèmes concernant les aspects non verbaux de la langue, qu'ils ne maîtrisent pas pleinement : il s'agit-là d'un déficit de compétence qui se répercute sur leur communication auprès de leurs étudiants.

Force est de constater que, même après quatre années d'apprentissage du français, les étudiants libyens qui arrivent à l'université semblent encore incapables de décoder les aspects non verbaux de la langue parlée. Il s'agit d'un problème grave, car il affecte fréquemment l'enseignement/apprentissage du FLE et la communication interculturelle.

Il serait donc souhaitable que les spécialistes du FLE engagent une réflexion sur ce qui peut être fait pour améliorer les compétences non verbales des groupes cibles dans les classes de FLE. Notre objectif ici est de permettre aux apprenants de communiquer efficacement, par le biais d'une pratique compétente des aspects non verbaux de la langue, avec des locuteurs natifs de français.

Les différences d'expression ne concernent pas seulement d'intégrer la personne dans le discours (l'orateur ou le locuteur). Elles sont liées également avec la durée du processus de communication et de sa place. Et au final, on établit les relations de différentes façons avec la personne, selon le temps, le lieu et les différences de la langue et de la culture. La façon dont nous occupons la place ou avec laquelle nous regardons l'interlocuteur est l'une des caractéristiques essentielles de notre culture.

Nous avons mentionné dans notre étude que l'individu divise le monde selon sa langue, mais aussi selon sa culture et ses traditions, c'est-à-dire suivant d'autres systèmes de communication non verbale.

La conversation, de la même culture, nécessite une certaine distance qui varie en fonction du contenu et la nature de la relation entre les interlocuteurs. Que dire si le dialogue se faisait entre des interlocuteurs appartenant à deux ou plusieurs cultures ?

À la différence de la communication culturelle et intellectuelle, la communication, qui se réalise entre les personnes, requiert la connaissance des normes de communication non-linguistiques. Et ces normes sont nombreuses et se trouvent sur les deux niveaux cognitive-sensoriel et scéniques. Nous nous bornerons ici à donner un exemple vivant.

Il y avait une histoire qui m'était arrivé à Besançon. Je me souviens du premier contact que j'ai eu avec les français, dans un cadre français. Je connaissais la langue de « Molière » et de « Balzac », mais je n'avais pas beaucoup pratiqué la communication directe et spontanée avec des Français ou des Européens en dehors du cadre libyen. Quelques jours après mon arrivée, j'ai fait la connaissance d'une jeune étudiante suédoise qui suivait le cours en maitrise de la linguistique, comme moi. Et une fois, nous étions en classe, on attendait l'arrivée du professeur. Nous étions en train de discuter sur divers sujets concernant la Libye. Et au lieu de parler, j'ai répondu à une de ces questions par un geste : j'ai soulevé un peu mes épaules et j'ai fait la moue avec ma lèvre inférieure et lever les sourcils. Et sa réaction était l'étonnement avec un début de gêne. J'ai immédiatement pensé qu'elle avait prit mon geste pour du mépris ou la moquerie. Je lui ai expliqué instantanément que mon intention par ce geste démontrait simplement que je ne connaissais pas la réponse à sa question et que dans notre culture, on l'utilisait pour exprimer ce sens. En effet, ce geste n'existait pas dans ses compétences de communication relatives au langage des signes de sa culture.

Objectifs

L'intérêt de notre étude est multiple, et concerne les aspects suivants :

1. L'importance de cette étude repose sur le fait qu'elle peut aider les enseignants de langue française ainsi que les examinateurs ou auteurs de manuels, à prendre conscience de la place du document vidéo authentique dans l'enseignement et l'apprentissage d'une langue étrangère : en effet, la langue doit être acquise naturellement, à travers des situations réelles tirées de la vie de la communauté linguistique concernée.

2. L'étude des éléments pragmatiques et du langage non-verbal constituent des compléments importants pour le développement efficace du dialogue et du traitement de l'information dans une langue étrangère.

3. Cette étude sera d'une grande utilité pour les ministères de l'éducation dans les pays où le français n'est pas la langue maternelle, et ceci notamment pour les auteurs de manuels d'enseignement de la langue française qui accompagnent les CD incluant des enregistrements de locuteurs natifs de français en tant que modèles pour l'enseignement des aspects non verbaux de la langue.

4. Cette étude peut contribuer à faciliter le développement de futures études comparatives portant sur l'enseignement du français langue étrangère auprès d'apprenants de différentes cultures, notamment au niveau des difficultés de compréhension de la communication non-verbale.

Méthodologie

Chapitre 1 : Le document authentique vidéo

Avantages et caractéristiques des documents authentiques vidéo :

Les raisons qui font du document authentique un support privilégié pour l'enseignement/apprentissage de langues étrangères sont au nombre de trois : la motivation, l'autonomie des apprenants, et les contenus riches en situation de communication réelle qui peuvent être exploités linguistiquement et culturellement.

L'apprentissage des langues étrangères requiert beaucoup de travail de la part de l'enseignant, en particulier en matière de pratique dans les zones qui sont différentes de la langue maternelle des apprenants. Dans une classe de langue, ces éléments peuvent être introduits à l'aide de documents vidéo authentiques, afin que l'apprenant puisse observer les signes statiques (apparence physique), les expressions et les gestes des intervenants : en effet, ces aspects non verbaux de la communication contribuent pour une grande part au décryptage du sens du message et à une meilleure compréhension. Le recours à l'outil vidéo constitue pour l'apprenant une chance d'acquérir la nouvelle langue de façon naturelle, en lui permettant de se familiariser directement et de façon vivante avec les éléments et les situations de la vie quotidienne de la communauté linguistique concernée.

L'observation visuelle des attitudes et comportements des locuteurs filmés dans des situations de la vie quotidienne permettra aux étudiants de FLE de s'approprier la nouvelle langue. En effet, selon Thierry Lancien, « L'image mobile présente le très gros avantage par rapport à l'image fixe de nous restituer le non-verbal dans son intégralité.» (1986: 64). A partir de l'observation de ce non-verbal, l'apprenant peut être aidé dans l'accès au sens, car souvent ces manifestations sont redondantes du verbal. Et l'image montre tous les éléments de la situation de communication et tout le contexte non linguistique, qui s'avère être un apprentissage culturel. On les nomme «authentiques» dans la mesure où l'acte langagier verbal et non verbal est situé dans une situation de communication « naturelle », et adressé aux apprenants de langues. Ces documents vidéo ont, en outre, l'avantage d'être omniprésents, sur des formats très divers (DVD, CD, TV, Internet, etc.) donc facilement accessibles au plus grand nombre, même en-dehors du cadre scolaire ou universitaire.

En ce sens, nous avons préféré présenter un DAV qui aborde la communication non verbale de Français de façon précise, sous tous ses aspects et ses différents contextes, bien qu'exagérée car stéréotypée et peu conforme au « réel » car théâtral, au lieu d'un corpus partiel qui ne pourrait pas donner des résultats scientifiquement pertinents.

Chapitre 2 : la communication humain et la communication non verbale

Nous devons comprendre que pour parler de la communication humaine, la mise en place d'un système de compréhension significative entre l'émetteur et le récepteur s'avère strictement nécessaire. Ainsi, la simple transmission de signaux, bien qu'elle soit évidemment indispensable, ne suffit pas. La communication humaine a des principes fondamentaux basés sur la compréhension des signaux transmis par l'émetteur au récepteur par les différents canaux de communication. La multi-modalité ne considère pas que « la forme prototype de la sémiotique humaine soit un langage » (Halliday, 1994 : 93). Le langage est plutôt considéré comme un moyen parmi d'autres pour créer du sens. C'est pourquoi la communication repose sur de multiples modes, y compris l'image, la mise en page, le geste, le mouvement des images, la couleur et la posture, et chaque mode de communication ou de représentation qui est utilisé dans un événement de communication contribue à donner du sens.

Chapitre 3 : La culture, l' interaction, la communication et la langue

Chaque être humain est conditionné depuis sa naissance, par la culture dans laquelle il vit. En quelque sorte, *"nous naissons avec la culture, ce n'est pas un héritage génétique, mais plutôt quelque-chose que nous apprenons, que nous transmettons à travers les actions et socialisations humaines"* (Duranti, 2000 : 47). C'est la culture qui nous enseigne le comportement en société, la façon dont nous devons nous habiller, nous exprimer, agir; la posture, les gestes, le ton de voix, le regard, etc que nous devons utiliser; comment, quand, où et pourquoi. Comme l'affirme Oswalt (1986 : 24) : " *tu n'es pas né avec une culture, mais plutôt avec l'habileté de l'acquérir par des moyens tels que l'observation, l'imitation, l'essai et l'erreur*".

Notre vie est conditionnée par tant d'éléments culturels qui nous apprennent à interagir socialement à chaque moment et nous indique que faire ou ne pas faire, qu'il serait impossible de se souvenir consciemment de toutes les règles et rites sociaux que nous intériorisons, et qui gouvernent notre comportement, inconsciemment la plupart du temps. Comme la plupart des gens, nous grandissons entourés de personnes qui suivent les mêmes modèles, et nous avons tendance à considérer les règles de notre culture comme universelles.

C'est pourquoi, dans la communication interculturelle nous réagissons de manière négative devant la différence. La culture de l'autre, différente de celle à laquelle nous avons été habitués, nous apparait en général comme une déviation de notre modèle, dans lequel nous avons été endoctriné et dont les règles de comportement nous apparaissent comme l'unique forme correcte d'agir et de penser. Le plus souvent, nous nous apercevons que notre conduite est culturellement déterminée seulement quand il y a un *choc culturel*, c'est-à-dire quand quelqu'un viole une règle que nous étions habitués à respecter. Dans ce cas, la réaction sera difficilement positive, en général il y a une évaluation défavorable et l'on rejette la culture de l'autre (Novinger : 2003). Nous adoptons une perspective ethnocentrique, depuis laquelle ce qui est différent de nous implique un éloignement du naturel; les normes culturelles auxquelles nous étions habitués sont par conséquent plus logiques et donc meilleures.

Ce que nous avons dit précédemment au sujet de la culture et du poids de la socialisation ne signifie pas pour autant que les modèles culturels sont homogènes et déterminants au point de supprimer la possibilité qu'il existe des différences de comportement au sein d'un même pays, entre différentes familles appartenant à la même communauté voir même entre les membres d'une même famille. Cependant, malgré toute la diversité possible, il existe quelque-chose qui nous ressemble, ce que l'anthropologue Anthony Wallace (1961 : 27) appelle "organisation de la diversité". Selon l'investigateur, ce qui spécifie les membres d'une communauté n'est pas la ressemblance culturelle qu'ils partagent, mais plutôt "leur capacité à se comprendre ". Cela signifie que la culture n'a pas seulement une influence sur nos attentes quant au comportement des autres personnes, mais qu'elle nous enseigne aussi la façon de les évaluer.

La notion de culture est extrêmement complexe. Ses définitions, très nombreuses, répondent à différents points de vue qui varient en fonction de la formation et de l'objectif de l'auteur de la définition. Par exemple, pour J. Lotman (1972 : 29) la culture est *"l'ensemble d'information génétiquement acquise, conservée et transmise par les différentes collectivités d'une société"*.

Si l'on cherche à définir le concept de culture, on eut considérer que : A) La culture est ce qui est appris à travers les interactions entre les êtres humains, c'est-à-dire les parents, les membres de la famille, les amis, et d'autres personnes qui sont de cultures différentes ;

B) La culture concerne les croyances, définies comme la compréhension de base d'un groupe d'êtres humains sur ce qui est vrai ou faux, sur les valeurs définies comme bonnes ou mauvaises par un groupe de personnes ; c'est un ensemble de normes (règles de comportements appropriés) et de pratiques sociales, entendues comme des comportements prévisibles qui sont effectués par des membres de la même culture. Ces aspects – croyances, valeurs, normes et pratiques sociales – sont les constituants fondamentaux de la culture ;

C) La culture affecte les comportements, ce qui signifie que les êtres humains conduisent leur vie quotidienne de diverses façons, selon leurs différentes cultures respectives ;

D) Le concept de culture est opérant lorsqu'il s'applique à un grand groupe de personnes ayant en commun un ensemble d'attributs et de caractéristiques.

Poyatos (1994 : 24-25) va plus loin en affirmant que la culture est : *"une série d'habitudes partagées par les membres d'un groupe vivant dans un secteur géographique, apprises mais conditionnées biologiquement, telles que les moyens de communication (dont le langage est la base), les relations sociales à divers niveaux, les différentes activités quotidiennes, les produits de ce groupe et leur façon d'être utilisés, les manifestations typiques de leurs personnalités, nationales autant qu'individuelles, et leurs idées au sujet de leur propre existence et celle des autres membres."*

La culture, cependant, n'est pas une chose matérielle, mais l'union de tous les phénomènes, émotions et conduites d'une communauté. Les habitudes linguistiques, mais aussi la manière de percevoir le monde, la façon de se déplacer, les conventions sociales, les valeurs morales et les coutumes collectives sont indissociablement liées à la culture. La culture est à la fois unie à la communication, car elle régit le comportement en société, et exerce une influence directe sur la conduite d'un peuple, les mouvements corporaux, leur étiquette sociale et l'interaction directe ou indirecte avec les autres individus d'une société.

Une part de notre comportement social est le fruit de notre culture et l'autre part s'acquiert par l'apprentissage (Poyatos, 1994 : 29-30). Les habitudes d'une communauté ne sont pas toujours culturelles. Certaines sont des habitudes individuelles ou générale. souvent héritées de la propre famille, comme une manière spécifique de marcher, un ton précis de voix, ou une caractéristique individuelle. Les autres habitudes sont *apprises* et ce sont celles auxquelles l'étranger doit s'habituer, puisque le manque de distinction entre les deux types d'habitudes peut l'amener à imiter des habitudes idiosyncrasiques propres aux individus isolés, et non pas à une communauté. Enfin, certaines peuvent être enseignées et apprises consciemment ou inconsciemment, et ce sont ceux qui facilitent la communication interculturelle.

Ainsi dans la présente étude, la définition de la culture reconnaît le lien et l'interaction entre la langue, la culture et la communication, de même qu'elle reconnaît l'importance de comprendre les relations vitales entre la culture et la communication pour améliorer la compétence interculturelle (Poyatos : 2002a).

Selon Poyatos (1994a : 146-151) une analyse plus large sur la façon dont la culture peut conditionner le comportement communicationnel doit prendre en considération l'influence de variables qui peuvent constituer le fond conditionnant total, comme le sont les facteurs bio-physico-psychologiques (sexe, âge, état de santé et émotionnel, etc), les facteurs environnementaux (l'environnement naturel ou socio-économiques), les conduites partagées (la variété géographique ou sous-culturelle, la famille nucléaire ou extensive...), les modèles culturels (valeurs morales, religieuses et esthétiques, règles de l'étiquette...) et les niveaux socio-économiques et culturels (très raffinés, éducation moyenne, etc.).

Pour que l'individu se sente intégré dans une culture donnée, il doit acquérir, en plus de la fluidité linguistique, la *fluidité culturelle* (Poyatos, 1994 : 49), qui est la capacité de comprendre et/ou produire des comportements non verbaux isolés ou en union avec le langage verbal qui peuvent être fortement liés à des facteurs ethniques, socio-économiques, géographiques, etc. du peuple en contact. Le manque de *fluidité culturelle* peut se révéler être une barrière communicative entre l'étranger et le natif, que ce soit pour ne pas avoir compris le sens du message non verbal, ou pour l'avoir mal interprété.

Avec pour objectif de faciliter la dure tâche résultant de l'analyse systématique de la conduite d'individus de différentes cultures, Poyatos (1994 : 36-44) propose le *modèle interdisciplinaire des culturèmes,* en se basant sur le modèle linguistique d'organisation des morphèmes, qui rend possible l'isolement et le classement d'un élément qui permet de différencier dans les sociétés une *unité minimum culturelle*.

Un culturème est, "*toute portion significative d'activité ou non activité culturelle perçue à travers des signes sensibles et intelligibles à valeur symbolique et susceptible d'être divisée en unités plus petites ou amalgamée en de plus grandes.*" (Ibid., p. 37-38)

Les culturèmes peuvent être divisés, rendant possible l'inventaire et le classement complet des signes ou habitudes d'une culture, des plus imposants aux plus simples.

_ **Culturemes basiques** : les espaces urbains et ruraux sont délimités, en intérieur et extérieur.

_ **Culturèmes primaires** : ils s'identifient, dans les culturèmes basiques, aux caractéristiques environnementales et comportementales.

_ **Culturèmes secondaires** : ils se détaillent, dans les culturèmes primaires, les scénarios de culture en étude choisis comme modèles comme par exemple le bar, le logement, le parc, la plage...

_ **Culturèmes tertiaires** : ils analysent et classent les culturèmes secondaires selon les systèmes sensibles par lesquels ils sont perçus, comme par exemple, visuel, olfactif, tactile, etc.

_ **Culturèmes dérivés** : le culturème tertiaire se divise en manifestations communicatives, comme par exemple la kinésique, la proxémique, la chronémique, etc.

A travers un tel examen progressif, nous pouvons arriver à des éléments culturels minimes, spécifiques à une société, ce qui en plus de faciliter l'application à l'étude et l'enseignement de langues étrangères des systèmes de communication non verbale, permet la comparaison interculturelle.

Ainsi, pour réussir au mieux une communication interculturelle, la connaissance de la culture est aussi importante que la connaissance de la langue. Se familiariser avec celle-ci peut éviter à l'étranger des déceptions dans ses attentes. Cela contribue à dépasser l'étonnement et les jugements sociaux négatifs (croyances et attitudes) - qui se produisent généralement de façon automatique et inconsciente - et à faciliter l'acceptation des comportements idiosyncrasiques de chaque communauté (Patterson, 2001).

Le rapport entre culture et langue est contesté. Historiquement, l'hypothèse connue sous le nom d' « hypothèse Sapir-Whorf » est contestée ; celle-ci formule des assertions audacieuses selon lesquelles le langage façonne la pensée et la culture (Whorf, 1956; Sapir, 1958). Plus tard, des linguistes comme Wardhaugh (1976) et Kaplan (1986), entre autres, ont fait valoir l'antithèse de l'hypothèse de Whorf. Aujourd'hui, une compréhension plus nuancée de la relation interactive entre la langue et la culture a gagné du terrain : ainsi est-il admis que la phénoménologie d'une communauté de locuteurs se reflète dans la langue parlée, et que la langue parlée contribue dans les différentes approches à façonner la phénoménologie (Kaplan, 1986: 8). Ou en d'autres termes, comme l'ont proposé Sawyer et Smith, « la langue et la culture sont inextricablement liés » (1994)

Le langage est défini dans l'un des dictionnaires principaux de la linguistique appliquée comme étant « le système de la communication humaine qui se compose de l'ensemble structuré de sons (ou de leur représentation écrite) en unités plus grandes, par exemple morphèmes, mots, phrases, paroles » (Richards, Platt et Platt, 1992, p. 196). Cette définition reflète la préoccupation en ce qui concerne les signes linguistiques en tant que système de communication humaine ; et il est intéressant de considérer ce qu'elle exclut ou ne fait pas explicitement – tels par exemple le rôle de la culture et la place et le rôle des autres systèmes d'échange de communication symbolique et significative, ou les codes non verbaux et visuels (Fiske, 1990). La culture est partie intégrante d'une compréhension de la communication linguistique, ce que Damen (1987 : 119) a particulièrement bien saisi en définissant la langue comme une forme particulière de la communication.

En outre, la langue peut être considérée comme la manifestation la plus vaste d'une culture. Pour chaque individu les valeurs humaines du système et les pratiques culturelles et linguistiques sont formées comme un résultat à la fois de leur socialisation primaire au sein de la famille et de la communauté, et de leurs interactions avec les groupes plus larges auxquels ils participent (Clyne, 1996; Lo Bianco, 2003).

Une autre approche de la langue renvoie à une définition fonctionnellement fondée. Adoptant une telle approche, le sociolinguiste Michael Clyne (1996) identifie quatre principales fonctions de la langue en raison de sa valeur socio-culturelle dans la communication humaine. Tout d'abord, la langue est le moyen de communication humaine le plus marquant pour obtenir des informations exprimant des idées, des émotions, des attitudes et des préjugés. Deuxièmement, elle fonctionne comme un moyen d'identification des membres du groupe, elle marque les limites du groupe à un certain nombre de niveaux : religieux, politique, ethnique, local et national. La langue est, troisièmement, un moyen de stimulation cognitive pour les jeunes : elle permet aux enfants d'explorer le monde réel dans lequel ils vivent – et pour les adultes, elle contribue à leur mise en valeur conceptuelle, ce qui facilite le développement de nouveaux concepts (voir Acton et de Félix, 1986). Enfin, le langage est un instrument d'action – caractéristique particulièrement mise en évidence dans les travaux de pragmatistes, comme Austin (1963) et Clyne (2006). En bref, si l'on considère le langage humain, il est important de tenir compte de ses différentes définitions et des diverses approches culturelles de ce concept (Poyatos, 2002a ; Lo Bianco, 2003), et de se focaliser sur la langue, en soi, que ce soit fonctionnellement ou structurellement.

Dans un examen de la relation interactive entre la langue et la culture, Damen (1987) met l'accent sur la fonction symbolique du langage et affirme que la langue va et vient, et qu'elle affecte l'observation des émetteur de même qu'elle modère leur expérience. Le langage facilite les élaborations et les approches qui permettent d'identifier le monde des orateurs, tout en reflétant les intérêts culturels, les préoccupations et les conventions. Comme le soutiennent également Condon et Yousef (1975: 181), la langue est « un outil un peu plus qu'une prison, mais nous sommes encore limités par nos outils particuliers ». Focalisant son intérêt sur le rôle primordial de la communication non verbale, Poyatos (2002b : 5) met l'accent sur le fait que l'activité de communication peut être de trois ordres : elle peut être vocale-verbale, il s'agit alors de la langue ; elle peut être vocale-non verbale, ce qui correspond au paralangage ; elle peut être, enfin, non vocale-non verbale, ce qui correspond à la kinésique, la proxémique et aux autres systèmes corporels de communication non verbale. Et la culture joue un rôle dans chacun de ces trois modes de communication.

Chapitre 4: Spécificités de la CNV en Libye :

Notre héritage socioculturel et la majorité de ce que nous vivons aujourd'hui en particulier est un héritage unique de la société arabo-islamique de plus d'un millier d'années, constitué de beaucoup de coutumes et traditions, des systèmes et des pratiques que nous avons hérités de nos ancêtres arabes musulmans. Ce chapitre sera consacré à plusieurs thèmes principaux : a)les valeurs culturelles de base dans la culture arabe (collectivisme, hospitalité, honneur). B) la famille libyenne à travers trois aspects dont le premier sur les caractéristiques de la famille libyenne, puis la situation et le rôle des membres de la famille libyenne, et dans la troisième section, nous aborderons une remise en question des relations fondamentales de la famille libyenne. C) le langage et la communication verbale, D) la communication non-verbale.

Chapitre 5: Choix du feuilleton *Plus Belle La Vie* comme corpus :

Plus Belle La Vie offre un discours très réaliste, proche du quotidien. Le feuilleton se déroule dans une ville qui représente la diversité française et symbolise l'ouverture sur la Méditerranée (Marseille). Il montre la vie quotidienne d'un quartier de Marseille (Place du Mistral).

Non seulement la CNV utilise des personnages, des acteurs et des environnements français mais le réalisateur va les caractériser au niveau linguistique (le langage verbal et non-verbal), en particulier par la gestuelle. Le feuilleton, les acteurs et le réalisateur servent à attirer l'attention des apprenants. L'apparition, à certains moments, d'histoires exagérées et surréalistes renforce l'aspect ludique de quelques activités que nous inclurons dans l'unité d'enseignement. *Plus Belle La Vie* dramatise jusqu'au point de toucher le surréalisme de la vie quotidienne, les problèmes et les aspects de la société française qu'aucun auteur avait pensé ou voulu représenter auparavant. Dans notre perspective d'analyse, le matériel disponible a été abondant mais efficace pour arriver à nos fins, car, de la même manière que les situations sont dramatisées, les conversations et les relations entre les protagonistes sont aussi dramatisées.

Dans ce genre de DAV, les gestes et tout ce qui a un rapport avec le non-verbal, possèdent une valeur fondamentale, et les acteurs sont déterminés à la mettre en évidence. Nous avons profité de ce style de jeu dans les scènes pour recueillir et classer les gestes et pour élaborer ainsi des activités pédagogiques.

Une fois les échantillons sélectionnés, nous en avons constitué notre corpus. Le feuilleton a été visionné plusieurs fois pour permettre la transcription des scripts verbaux et non-verbaux.

Chapitre 6 : Définitions et caractérisations de la CNV dans notre étude.

La manière de communiquer chez l'être humain est extrêmement variée. Non seulement les messages se manifestent dans les processus de correspondance sociale, mais la correspondance communicative se base aussi sur un complexe tramé de signes et systèmes culturels verbaux et non verbaux.

Pour définition de la communication non verbale dans notre étude. S'agissant de la classification de la communication non-verbale par les savants occidentaux, de nombreuses versions différentes de descriptions sont discutées et pas un uniforme n'est convenu. Des chercheurs ont identifié et classé des centaines d'objets, des comportements, des caractéristiques vocales, et des événements comme des formes de communication non-verbale. Ils décrivent la communication non verbale selon différentes dimensions, donc il n'y a pas d'accord sur sa classification. Voici quelques-unes des définitions bien reconnues proposées par certains linguistes :

- Ruesch et Kees (1956) ont présenté la première classification sur le comportement non-verbal basé sur les composants fondamentaux de la communication non verbale: la langue des signes, le langage d'action et le langage objet (comme cité dans BI, 1999 : 5). Cette classification est si rude et générale qu'elle est difficile à appliquer en pratique.

- Malandro et al. (1989) ont identifié les classes spécifiques de la communication non verbale, comme suit: (1) corps types, formes et tailles, (2) vêtements et objets personnels, (3) mouvement du corps et gestes, (4) expression du visage et mouvement des yeux, (5) environnement, (6) espace personnel, territoire et surpeuplement, (7) caractéristiques de la voix et qualités, (8) goût et odorat, (9) la culture et le temps.

- Selon Kerbrat-Orecchioni (1990), les signes vocalo-acoustiques sont divisés en deux catégories :

Le matériel verbal : phonologique, lexical et morphosyntaxique ;Le matériel paraverbal, prosodique et vocal : intonations, pauses, intensités, articulatoire, débit, prononciation, caractéristiques de la voix. Quant au non-verbal, il existe trois sortes d'actes :

° les statiques, à savoir « tout ce qui constitue l'apparence physique (le « look ») des participants : caractères naturels (morphologie, physionomie...), acquis (rides, cicatrices, bronzages...), ou surajoutés (vêtements, maquillage, bijoux, etc.) »

° les cinétiques lents, c'est-à-dire « essentiellement les attitudes et les postures »

° les cinétiques rapides (qui relèvent de la kinésique : jeu des regards/direction des regards, mimiques et gestes/mouvements du corps. (Kerbrat-Orecchioni, 1990 : 137-138)

- Knapp et Hall (1997, pp 12-20) ont proposé sept catégories de communication non verbale: le mouvement du corps et la kinésique comportementale, les caractéristiques physiques, les comportements, le paralangage, la proxémique, le toucher et les facteurs environnementaux.

- Anderson (2007 : 239-240) a présenté la communication non verbale dans une perspective tout à fait différente: La communication non verbale est généralement plus indéterminée ou vague que la communication verbale car, selon lui, les messages non verbaux sont «simultanément signalés et interprétés par de multiples canaux». Les actes non verbaux sont également difficiles à comprendre car ils sont souvent effectués involontairement par l'expéditeur du message.

Les messages non verbaux sont souvent des moyens de transmission de la culture d'une société par le biais de «l'observation et l'imitation», selon Anderson. Ils sont aussi un moyen de classification pour catégoriser les locuteurs. Alors que « les messages non verbaux reflètent la forte identité personnelle, ils déduisent également des sentiments puissants, des émotions et des attitudes, généralement par le biais du visage, du corps, du mouvement et de l'utilisation de la voix gestuelle. » (Andersen, 2006).

Les messages non verbaux sont aussi des façons d'exprimer ce que les mots ne peuvent pas, et sont généralement considérés comme plus dignes de confiance que la communication verbale seule/en elle-même. Il existe huit codes non verbaux qui incluent: l'apparence physique, la proxémique, la chronémique, la kinésique, l'haptique, l'oculesique, le paralangage, et l'odeur.

° L'apparence physique inclut « le genre, le poids, la taille, la couleur de la peau, la morphologie, ainsi que les vêtements, les bijoux, le maquillage et les accessoires. »

° La proxémique est l'étude de « l'espace et de la distance interpersonnels ».

° La chronémique est « l'étude de la signification, de l'usage, et de la communication du temps » et inclut le temps mono-chronique, qui est une conception linéaire du temps, et le temps poly-chronique, que l'on trouve typiquement dans les cultures qui « s'engagent dans de multiples activités simultanément. » (Andersen, Wang, 2006).

° L'haptique est l'étude de la « communication tactile », la science du toucher. « Le toucher peut varier d'une culture à l'autre en ce qui concerne "amount, location, type, and public or private manifestation." Notamment au moment des salutations, certaines cultures se serrent la main, s'embrassent, quand d'autres n'ont aucun contact physique.

° L'oculésique est « l'étude des messages envoyés par les yeux – y compris le contact visuel, les clignements d'yeux, les mouvements du regard et la dilation des pupilles ».

° Le vocalique est l'étude de « tous les éléments non verbaux impliqués dans l'usage de la voix».

° L'olfactive est « l'étude de la communication interpersonnelle via l'odeur » Mais il est impossible d'analyser ce critère dans notre corpus issu d'un document vidéo.

Pour le développement de notre objectif, nous avons adopté les définitions et caractérisations de la CNV proposées par Kerbrat-Orecchioni (1990 : 137) et Anderson (2007). Ces deux définitions s'intéressent à tous les éléments non verbaux qui communiquent quelque-chose et les organise en différentes catégories : les systèmes essentiels (paralinguistique et kinésique), les systèmes culturels (chronémique et proxémique) et les systèmes statiques (l'aspect physique, l'utilisation d'objets et l'environnement).

Chapitre 7 : L'intérêt scientifique et didactique de la communication non verbale en classe de FLE.

Nous parlerons maintenant des raisons qui nous amènent à considérer notre cible principale comme un sujet d'Intérêt Scientifique. Ensuite, nous essayerons de répondre à la question : " Pourquoi est-il important d'apprendre la communication non verbale? ". Il y a une raison principale : parce que la communication non verbale fait partie de la culture du peuple : *Une culture peut être définie comme l'ensemble d'habitudes partagées par les membres d'un groupe vivant dans une zone géographique, d'habitudes apprises mais biologiquement conditionnés. Les relations sociales à différents niveaux, différentes activités quotidiennes, les produits de ce groupe et la manière dont ces produits sont utilisés, les manifestations typiques des personnalités nationales et individuelles, et leurs idées au sujet de leur propre existence et celle des autres membres* (Poyatos, 1994: 24).

Il est évident que lorsque l'on étudiera la culture d'une société en particulier, sa culture devra être considérée comme l'ensemble des facteurs qui constituent aussi la CNV. Nous avons pris en compte l'importance des signes statiques comme «valeur éducative » de la CNV pour enseigner/apprendre la dimension culturelle et interculturelle de la culture cible. Nous voulons également analyser les gestes et postures physiques chez les français lorsqu'ils communiquent (kinesthésie), il est aussi indispensable d'inclure dans l'étude ce qu'ils disent (langage) et comment ils le disent (Paralangage). La CNV et verbale renforce et laisse une profonde empreinte sur la réaction et dans la mémoire des autres interlocuteurs. Il est donc un moyen que les humains ont à leur disposition pour interagir avec les autres, d'exprimer leurs opinions, leur personnalité et leurs sentiments. Il s'agit, en résumé, de l'un des nombreux outils que nous possédons et qui sert à nous identifier dans un contexte social et culturel, quelque chose qui nous rend unique et, en même temps, nous devenons une partie d'un ensemble plus large : la société dans laquelle nous vivons.

L'enseignement des langues étrangères doit donc accueillir les aspects linguistiques et culturels d'une communauté de locuteurs. D'autant plus que d'autres aspects contribuent à une définition plus précise de l'identité d'un peuple et permettent aux étudiants de comprendre les différentes manières de voir et d'exprimer des concepts. Le *Cadre Européen Commun de Référence pour l'enseignement des langues* (CECR) a déclaré officiellement l'importance de l'enseignement de la culture dans l'apprentissage des langues:

La connaissance de la société et de la culture de la communauté ou les communautés où la langue est parlée est un aspect de la connaissance du monde [...] Il est d'une importance suffisante pour mériter la pleine attention de l'élève, d'autant plus que, contrairement à de nombreux autres aspects de la connaissance, tant qu'il y a une manque d'expérience avec cette nouvelle culture, l'apprentissage peut être déformée par des stéréotypes (CECR, 2002: 100).

Ce document aborde aussi la question des aspects non verbaux de chaque langue, tout en incluant aussi sa culture parmi les activités communicatives proposées (CECR, 2002: 86)[1].

Bien qu'il soit essentiel de connaître la culture d'un peuple en plus de la langue, il est aussi nécessaire de connaître ses aspects non verbaux, puisque ces aspects sont porteurs de sa culture et impliquent également de nouvelles formes d'expression linguistique. La communication non verbale est un élément linguistique et culturel et on l'apprend comme on apprend à utiliser les outils de la communication verbale. Ainsi, l'inclusion de la communication non verbale dans l'enseignement de langues étrangères est essentielle dans le but d'améliorer la fluidité chez les élèves d'une deuxième langue, cette démarche permet en plus d'encoder, décoder et interpréter un message dans la langue ciblée. En outre, l'inclusion dans l'enseignement d'une deuxième langue favorise le naturel et la spontanéité dans la communication.

Tel qu'il a été déjà stipulé par le CECR (2002, 86-88), les éléments non-verbaux devraient être reconnus comme des expressions individuelles: chacun de nous possède son propre style de gestes qui sont souvent le reflet de notre propre culture.

Hall a remarqué que les Français attachent une grande importance à leurs cinq sens. Il note que : *L'importance que les Français accordent à la vie sensorielle n'apparaît pas seulement dans leur façon de manger, de recevoir, de parler, d'écrire, de se réunir au café, mais elle se traduit jusque dans leur manière d'établir leurs cartes routières. [...] Elles sont la preuve que les Français font travailler tous leurs sens, car elles ne se contentent pas d'aider le touriste à s'orienter ; elles lui indiquent également les sites, les promenades pittoresques et même les endroits où faire halte, se rafraîchir, se promener ou prendre un repas agréable. Elles indiquent au voyageur la nature des différents sens sollicités selon les lieux (Hall, 2006 : 177).*

Les Français, qui sont beaucoup plus sensoriels que les libyens, vous regardent dans les yeux quand ils vous parlent. Les Français ont un rapport à l'espace différent des libyens. Pour eux, l'espace extérieur est un lieu de vie essentiel ; aussi les villes regorgent-elles de jardins publics, de cafés, de terrasses et d'autres lieux de rencontre.

Nous savons aujourd'hui qu'en France, les différents mouvements du corps font partie de l'un des caractéristiques typiques des cultures européennes, elle va au-delà de communication verbale simple, en essayant d'exprimer quelque chose de plus personnel. Ils

---

1. La section 4.4.5 du Cadre Européen Commun de Référence pour les langues. CECR, nommée "Communication Non Verbale", fait parti de l'un des articles dans le chapitre "activités communicatives de la langue et stratégies". Il fait référence aux "gestes et actions" qui accompagnent les activités de la langue et les "Actions paralinguistiques" qui se composent du langage du corps (gestes, expressions faciales, la posture, le regard, le contact avec le corps, proxémique), l'utilisation de sons extralinguistiques dans la parole (par exemple, / chutttt / le silence) et les qualités prosodiques (qualité de la voix, hauteur, volume, durée).

expriment les émotions de l'expéditeur et un contact plus direct avec les partenaires, l'interlocuteur rentre dans «l'espace de vie» et va même jusqu'à les toucher dans certains cas. Nous savons aussi que les tabous liés au corps sont plus forts dans la culture arabe, ce qui se manifeste dans des attitudes psychologiques très typiques chez les français, la façon dont ils interagissent et le rôle de leurs gestes sont liés à l'expression des émotions Quand nous disons que l'expression des émotions n'est pas tabou dans la société française, nous démontrons les traits non verbaux d'une personnalité directe et spontanée. Par exemple, la scène de deux amants échangent des baisers dans les lieux publics en Occident, est une scène ordinaire de la vie quotidienne. Et bien sûr, il est difficile ou impossible de regarder la même scène dans la plupart des pays arabes.

Nous pouvons aussi affirmer qu'il existe une tendance générale chez les français, que l'on trouve chez tous ceux qui appartiennent à l'une des cultures européenne, celle de ne pas craindre d'exprimer des émotions. Rire, pleurer ou le deuil (comme d'autres expressions de sentiments forts) sont fréquents et ils ne essayent pas de s'en cacher.

Au niveau paralinguistique, par exemple, ce qui est frappant dans la façon dont nous communiquons en français est le ton haut et le timbre de la voix, comme dans beaucoup d'autres cultures, la haute voix est confondue avec un sentiment de rage ou de colère ce qui fait que l'attitude prise par les français lorsqu'ils parlent soit considérée comme agressive dans nombreux pays. De plus, le rythme est généralement rapide, en gardant toujours à l'esprit qu'il existe des différences au niveau d'accent en fonction de la situation géographique ou en fonction des couches sociales et le contexte d'utilisation de la langue.

Dans un point de vue de la Kinésique, les français utilisent couramment le corps pour communiquer. Les gestes, les manières et les postures ont un rôle important dans la communication. Les français préfèrent, dans de nombreux cas, parler à travers le langage du corps. Cela dépend d'une attitude générale de préserver l'image de soi, en évitant les expressions qui pourraient compromettre. En ce sens, les gestes, les expressions faciales, les moyens ou les postures vont aider à mieux transmettre le message sans communiquer directement avec des mots.

En effet, les expressions du visage peuvent être lues parmi une relation presque unique entre un rire et un sentiment de joie et de sérénité ou d'un front plissé avec une pensée négative. Dès l'enfance, ils sont habitués à prendre conscience des émotions et les exprimer sans crainte et avec beaucoup d'emphase (Axtell, 1991).

Enfin, lorsqu'on parle de la chronémique, nous ne pouvons pas oublier que la gestion, la structuration et la conceptualisation du temps partagent une origine culturelle. Par exemples : le concept de ponctualité en France diffère de celui de notre pays. Dans la culture française, nous sommes considérés comme être ponctuels, lorsque nous arrivons pile à l'heure dans des situations informelles, même si un espace de dix minutes de plus est couramment accordé par courtoisie. Quant aux situations formelles, nous sommes considérés comme être ponctuels, lorsque nous arrivons pile à l'heure, voire cinq minutes en avance. Dans des contextes formels, la ponctualité de libyens coïncide avec celle des français, néanmoins, dans des situations informelles, nous sommes considérés être ponctuels si l'on arrive jusqu'à dix minutes en retard à notre rendez-vous. Autre exemple les français ne donnent aucune importance à la chronémique quand ils se serrent les mains. Contrairement en Libye La durée du geste de salut augmente à mesure que diminue le degré de formalité ou de méconnaissance entre les personnes.

L'enseignement de gestes et d'autres facteurs non verbaux, ont pour but d'éviter la possibilité de malentendus et des situations difficiles et que certains d'entre nous ont pu vivre en visitant d'autres pays. Cependant, il ne s'agit pas que de curieux malentendus qui sont surmontables avec une excuse ou une explication suite à des moments embarrassants. *« On ne parlera de malentendu que si le récepteur a bien décodé et interprété le message reçu mais que son interprétation diffère significativement de l'intention exprimée par son partenaire. »* (Blondel ; Briet ; Collès ; Destercke ; Sekhavat, 1998 :39).
Le malentendu dans l'interculturel est une divergence d'interprétation entre interlocuteurs de cultures différentes qui croient se comprendre dans leur processus de communication qui se trouve à mi-chemin entre compréhension et incompréhension. *« Il peut être considéré comme le double codage d'une même réalité par deux interlocuteurs qualifié d'"illusion de compréhension, temporaire ou permanente»* (Haidar, 1995 : 155).

Il y a de nombreux cas de profonds malentendus, dus à une mauvaise utilisation ou une mauvaise interprétation des signes non verbaux qui ont conduit à des conséquences beaucoup plus difficiles à réparer. Dans la plupart des cas, il y a des exemples même des questions de commerce international qui n'ont pas abouti, des infractions inconscientes très graves envers un public d'auditeurs, et même, dans le pire de cas, des condamnations pour des actes non verbaux accomplis. Bien que des contacts actuels – encore plus directes entre les différentes cultures – permettent de parler plus souvent de la mondialisation de façon non-verbale, la connaissance de ces signes est essentielle pour éviter des affrontements interculturels plus ou moins graves et de parvenir à un apprentissage approfondi de la langue et de la culture ciblée. Et nous devons garder à l'esprit également qu'il y a une évolution

diachronique de la communication non verbale et la communication verbale : de nombreux gestes sont «importées» de l'étranger et d'autres qui étaient typiques, disparaissent ou restent seulement dans certaines zones géographiques et socioculturelles très restreintes.
L'enseignement de la communication non verbale empêche également l'utilisation de la « traduction littérale »,si dangereuse dans les deux cas, verbal et non verbal. Souvent, les élèves ont tendance à traduire directement d'une langue (la langue maternelle) à une autre (langue seconde). C'est un pur acte non-linguistique sans tenir compte de la présence de faux amis ou de similitudes partielles entre l'exécution et le sens de la deuxième langue /la culture ciblée et de la première langue /la culture native comme dans le cas de français et libyen. Par exemple le traducteur a besoin de sentir l'effet sonore des mots quand ils sont émis: il choisira donc d'écrire, dans la traduction, le mot dont le son transmettra ce même sentiment. le contenu sémantique des différentiateurs paralinguistiques, ce qui est parfois difficilement repéré par le lecteur étranger, ce qui peut aussi lui arriver dans ses relations avec les autres composantes verbales ou non-verbales dans le récit ou le discours. Le traducteur doit bien connaître les caractéristiques acoustiques de mots dont les sentiments ne sont pas les mêmes dans d'autres cultures.

Il y a également un problème très commun dans le domaine de la langue quand il s'agit, par exemple, de la signification des unités phraséologiques dans les différentes cultures ou les stratégies de traduction.

Les éléments non-verbaux qui font partie d'une culture sont conditionnés par celle-ci, ce qui explique pourquoi ils doivent être acquis et appris tout comme nous apprenons le vocabulaire et les structures grammaticales d'une langue seconde. L'enseignement d'une langue seconde centré sur des purs éléments verbaux ne peut pas être considéré comme complet car il est fait par une communication artificielle, limitée au contexte de la classe, sans donner à l'étudiant la possibilité de participer activement au processus de communication, soit comme locuteur, soit comme récepteur.

Chapitre 8 : Classification et inventaire des signes de la CNV dans notre corpus

Nous avons choisi certains signes de la CNV présents dans notre corpus *Plus Belle La Vie* qui seront classés en fonction de leur «valeur d'apprentissage » ou « valeur éducative », c'est-à-dire selon les exigences établies pour décider s'ils sont dignes d'êtres inclus dans l'enseignement du FLE :

- ➢ selon la dimension culturelle, interculturelle et sociale des signes statiques (l'apparence physique, les objets et l'environnement).
- ➢ selon la fonction linguistique des gestes (Accompagner les mots, remplacer les mots et réguler l'interaction).
- ➢ selon les variables linguistique (genre, âge, classe sociale)
- ➢ selon leur difficulté d'interprétation (forte, moyenne, faible)

Les gestes concernent les paramètres de valeur d'enseignement pour accorder une attention particulière aux catégories : accompagner, confirmer, remplacer ou réguler les interactions. Nous prendrons en compte la langue et la culture des apprenants ainsi que leur niveau de connaissance de la langue et de la culture ciblées (le français) pour choisir les signes de la CNV qui pourraient répondre à notre objectif d'enseignement. Cet inventaire constitue la base de la réalisation d'activités d'apprentissage.

En ce qui concerne le premier paramètre, « la dimension culturelle, interculturelle et sociale des signes statiques », la valeur éducative de ces signes se manifeste soit comme universelle à ceux inhérents à la culture moderne et millénaire d'un public qui nous semblait au-delà de l'éloignement géographique évident, soit pouvoir faire l'objet d'une réflexion comparative sur les similarités et divergences entre les deux cultures (arabe et française). Par exemple Il existe en France des communautés de jeunes parallèles et définis par un aspect vestimentaire. Ces groupes culturels que sont les « néoclassiques », les «gothiques », les « skateurs », les « street » et les « fashion » se définissent tous par le biais de symboles, de marques, d'objets. Ces jeunes se catégorisent suivant plusieurs groupes possédant en leur sein même des variantes, des styles différents. La musique, les signes distinctifs comme des objets tels que des médaillons, des bijoux ou autres accessoires, une coiffure spéciale ainsi que l'habillement sont des repères pour montrer leur appartenance à tel ou tel groupe. Notre objectif faire émerger les valeurs associées au style vestimentaire de groupes particuliers en France.

En ce qui concerne le deuxième paramètre (la fonction linguistique des gestes), la première condition que nous avons jugée essentielle à remplir pour qu'une valeur éducative puisse être attribuée à un geste est sa fonction linguistique, c'est-à-dire, le rôle qu'elle joue dans le contexte de l'interaction. Ces catégories en question sont : accompagner ce qui a été dit verbalement, remplacer ce qui a été dit verbalement, ou réguler l'interaction. *Ce para*mètre n'a pas *par lui*-même *de* valeur pour choisir quel geste est pertinent en didactique des langues.

Concernant l'exigence de la «difficulté d'interprétation», les données recueillies confirment une forte présence de gestes ayant une difficulté d'interprétation « forte ». Une possible explication à ce résultat est l'absence de proximité linguistique et culturelle entre le français et l'arabe (libyen), ce qui entraîne certains malentendus et certaines incompréhensions entre les deux émetteurs. Nous sommes conscients que la variabilité de ces résultats dépend de la langue et de la culture choisies comme filtre référentiel.

° Parmi la catégorie « faible difficulté », nous avons analysé deux gestes facilement reconnaissables par l'analyste: le geste pour indiquer le silence par l'index, et le geste signifiant l'argent. Ce sont deux gestes iconiques qui remplacent les mots, et qui peuvent être d'une grande utilité dans une classe de FLE lorsqu'il est question d'aborder les aspects non-verbaux dans les premiers stades de l'apprentissage. Il peut être intéressant pour les étudiants de découvrir que certains gestes restent les mêmes dans leur forme et utilisation. Il est donc pertinent de progresser dans la recherche et dans la présentation d'autres gestes plus difficiles à interpréter. Le geste de «silence» est facile à interpréter pour les étudiants libyens. Il est donc un élément non-verbal qui peut être utilisé pour introduire le sujet de la CNV dans les cours de FLE. Cela rend possible une explication simple pour tous les étudiants qui ne connaissent pas les aspects propres à la communication non-verbale et le rôle qu'elle joue dans les conversations.

Le deuxième geste par rapport à l'argent remplit un double objectif didactique : celui d'introduire l'enseignement de la CNV et de montrer la capacité des éléments non-verbaux à accompagner ou remplacer les mots. Ce geste est emblématique et particulièrement intéressant, car il montre comment le même événement peut avoir différentes fonctions gestuelles selon son utilisation et son contexte. Dans ce cas, nous pouvons dire avec certitude que l'utilisation du geste ne se produit pas à cause de l'ignorance des mots justes de la part du protagoniste, ou d'une tentative de réparer un vide dans la conversation en vue d'une prétendue carence verbale. De toute évidence, le sujet de l'argent peut mettre « mal à l'aise » dans certaines circonstances, surtout lorsque, comme dans ce cas, nous devons en demander à quelqu'un.

L'utilisation du geste approprié est une procédure de remplacement non-verbale, visant à protéger l'image positive de l'émetteur. Il cherche à ne pas paraître grossier ou impoli en fonction d'une idée commune de « manque de politesse » entraînée par le fait de demander de l'argent à quelqu'un. Depuis cette perspective, les deux entrées ont en commun l'intention de garder une image personnelle positive.

Les objectifs d'apprentissage que ce geste peut atteindre sont très variés : d'abord, les demandes formelles et informelles qui peuvent être introduites dans les cours depuis les niveaux les plus inférieurs. D'autre part, les notions de politesse et d'impolitesse qui pourraient être sujet d'intérêt dans les niveaux plus avancés.

° Le niveau moyen de difficulté d'interprétation des gestes semble encore plus intéressant. La difficulté d'interprétation ne porte pas sur la signification que les personnages souhaitent donner aux mots mais plutôt aux contextes dans lesquels les gestes sont exécutés. Le chercheur estime que l'usage des mains vise à accompagner ce qui est manifesté verbalement dans l'interaction entre les locuteurs, c'est un usage qui peut être adéquat dans des conversations bien précises. Par exemple, dans notre corpus nous avons trouvé deux gestes de difficulté d'interprétation moyenne : l'expression « avoir des œillères » et l'expression « perdre la boule ». Ces gestes transforment ce qui a été dit verbalement en images très claires qui resteront dans la mémoire de l'interlocuteur. Dans la langue arabe, en revanche, le même procédé n'existe pas. Ainsi, ces gestes sont incompréhensibles si on ne comprend pas l'expression verbale. Mais ils resteront trop excessifs et en inéquation avec le contexte cohérent d'utilisation.

Image de geste avec l'expression idiomatique « avoir des œillères »

Image de geste avec l'expression idiomatique « perdre la boule »

Dans ces exemples, le mouvement des mains est utilisé pour accompagner certaines expressions idiomatiques et/ou certaines phrases. Ces expressions idiomatiques seront donc introduites dans les activités que les étudiants développeront dans la salle de classe. Cela vise à leur permettre de voir clairement la relation entre ces aspects verbaux et la CNV.

° Le niveau fort de difficulté d'interprétation concerne des gestes français qui n'ont pas d'équivalence exacte, ni à l'oral ni en contexte d'utilisation, dans la langue et la culture arabe. Ils sont donc indéfinissables pour les locuteurs libyens. Cette catégorie comprend également quelques gestes qui, même s'ils sont reconnaissables, n'ont pas de correspondance exacte quant à leur contexte d'utilisation dans les deux langues. Par conséquent, ces gestes peuvent causer des malentendus. Nous analyserons un des gestes avec un niveau élevé de difficulté d'interprétation pour les apprenants libyens, qui est récurrent dans notre corpus : l'admiration. La femme arabe utilise différents moyens pour exprimer l'amour à travers le langage corporel : elle ne fixe pas du regard celui qu'elle aime de manière directe et longuement. Elle aura envie de se fondre dans les yeux de celui qu'elle aime, mais elle ne peut pas le regarder trop longtemps. Alors, elle remplace cela par quelques regards latéraux, ou des regards dirigés vers le bas. Ce sont des gestes qui montrent la timidité et l'audace en même temps.

Dans notre société conservatrice, la meilleure façon pour construire une relation entre un homme et une femme est de commencer cette relation à l'université, au travail ou à travers les différents moyens de communication. Comme l'a dit le poète Ahmed Chawqi[2]: « un regard puis un sourire et puis un salut ... des paroles puis un rendez-vous et puis une rencontre ».

---

2. Ahmed Chawqi (1868 - 1932) (arabe : أحمد شوقي) est un poète et dramaturge égyptien. Considéré comme l'un des pionniers de la littérature arabe moderne, il a notamment introduit les épopées en littérature arabe. Il a aussi composé une poésie unique, largement considérée comme la plus importante du mouvement littéraire arabe du XXème siècle.

Cette description étrange et ces épisodes pour construire une relation amoureuse dans notre société arabe conservatrice – quelle que soit sa nature et son but, qu'elle soit une relation platonique ou pure – ne résulte pas du vide mais plutôt des expériences, du quotidien, des récits de romans. Le poète a exprimé ce poème et cette strophe car cela à sa signification et sa valeur et qu'il connait son enseignement, son sens et son importance. Nous pouvons expliquer ce vers en disant que dans notre société arabo-musulmane, nous vivons les relations amoureuses entre garçon et fille en cachette.

Tandis que dans la société occidentale, il ya un certain nombre de gestes qui peuvent être émis par la femme et qui montrent son admiration : lorsqu'elle passe ses doigts dans sa chevelure ou arrange son foulard de telle manière a son sens, ou quand elle s'assoit bien droite en croisant les jambes, ou ajuste ses lunettes comme démontré dans la séquence de *Plus Belle La Vie voir*. Tous ces gestes montrent que la femme éprouve des sentiments d'admiration envers celui qu'elle regarde et que ce sont des signaux émis souvent involontairement (et parfois volontairement) pour exprimer ses sentiments d'amour et de séduction. Il s'agit donc de l'un des signes non-verbaux qui doit être inclus dans l'enseignement du FLE pour éviter le malentendu.

Pour le quatrième critère, les variables genre, âge, classe sociale, nous avons remarqué comment les variables socioculturelles d'une langue sont considérées comme l'une des exigences à analyser avant d'attribuer une valeur éducative à des éléments non-verbaux. Par exemple, il était facile de trouver dans notre corpus des exemples qui montrent clairement les différences interculturelles significatives Libye-France, notamment dans l'utilisation des formes de salutations formelle et informelle.

Pour l'âge, nous avons trouvé la pertinence de l'enseignement des expressions argotiques employées par les jeunes ainsi que les éléments non-verbaux qui les accompagnant. Il faut aussi rapporter ces expressions verbales et gestuelles de la langue et la culture françaises à celles des étudiants.

Chapitre 9: Unité d'enseignement de la CNV destinée aux apprenants de FLE

À la suite de notre analyse de la CNV dans les méthodes de FLE, nous avons remarqué un manque d'activités concernant la CNV. En effet, les méthodologues mettent l'accent sur l'enseignement de la CNV aux niveaux débutants (A1- A2) et négligent les autres niveaux (intermédiaires B1-B2 et avancés C1- C2 du CECR). Cela est un défi que nous nous sommes fixé avec l'intention de démontrer combien il est important de traiter ces éléments non verbaux à tous les niveaux d'apprentissage. Pour cela, nous allons essayer de présenter les activités pour enseigner la CNV du niveau débutant à avancé.

Dans la première section, nous précisons les notions avec lesquelles nous travaillerons. Dans la deuxième, nous présentons les finalités éducatives de l'activité, ce que nous voulons que les élèves apprennent par la réalisation de l'exercice. Dans la troisième, nous numérotons les éléments non verbaux qui nous intéressent. Dans la quatrième, nous décrivons la façon dont l'activité doit être développée en classe. Enfin, nous avons inclus une section intitulée « Remarques » dans quelques-unes des activités proposées, qui offre des suggestions sur la façon d'amener les activités en classe et sur le niveau destiné.

1- Proposition d'activités pour les niveaux débutants (A1-A2)

Pour ce niveau, nous proposons d'étudier les signes(geste) non verbaux de difficulté d'interprétation faible. Comme nous l'avons mentionné antérieurement ce sont des signes non verbaux qui ne posent aucune difficulté d'interprétation au chercheur car il existe une correspondance parfaite ou subtile au niveau de l'utilisation et du contexte entre les deux langues/cultures. Cette catégorie de geste comprend une proximité linguistique et culturelle entre le français et l'arabe (libyenne). Nous proposons ces signes non-verbaux à inclure dans les premiers stades de l'apprentissage de FLE, afin de rassurer les apprenants sur leur apprentissage et de progresser par paliers. Voici deux exemple d'activités visant à faciliter aux élèves libyens, l'apprentissage d'éléments non verbaux qui caractérisent la culture française et qui diffèrent subtilement de la leur. Nous allons travailler avec des signes non verbaux propres au niveau débutants, ainsi qu'avec d'autres signes ayant un but social, en particulier, des gestes qui sont utilisés pour l'interaction sociale: saluer, réagir lorsqu'on est présenté, s'excuser, demander l'autorisation, proposer, inviter et réagir face à des invitations variées.

Bien que le contenu des activités soit conçu pour les élèves libyens, les idées proposées ici peuvent être adaptées pour une utilisation dans des groupes constitués d'élèves d'origines ou de nationalités différentes. Les exercices présentés dans cette phase sont conçus pour les niveaux débutants de l'apprentissage des langues, puisque nous travaillons avec des fonctions de communication du niveau basique. Cependant, les enseignants devraient utiliser des matériaux tenant compte de la connaissance du sujet de la CNV que leurs étudiants peuvent avoir. Le contenu linguistique de certains exercices peut également être adapté au niveau des élèves.

Dans cette phase initiale de l'apprentissage de la CNV comme à tous les niveaux, il est impératif de motiver les élèves par la présentation de sujets qui peuvent les intéresser et attirer leur attention. C'est le premier contact avec la langue, aussi appelé *engagement*. Nous voulons développer les sujets les plus attrayants, connus ou pas.

Les étudiants suivent une présentation, ils apercevront, d'abord, quelques images des acteurs et des actrices françaises dans ces DAV et, ensuite, le professeur diffusera de courtes scènes. Les étudiants sont invités à commenter et à répondre aux questions suivantes sous la forme d'une discussion en classe.

Dans ce premier exercice, nous envisageons de présenter certains séquences de notre DAV aux élèves ainsi que son style de programme sur la télé français. L'accent sera mis sur l'utilisation des images, des couleurs, des signes statiques, des gestes et du ton de la voix pour communiquer, sans oublier l'œil critique du réalisateur envers la société française et l'ironie entraînée par les personnages.

Présentation explicite ou implicite des signes non verbaux. Cette phase permet de montrer aux élèves les éléments sur lesquels on souhaite travailler, tout en accordant une attention particulière à la façon de les réaliser et à leur fonction communicative. Cette étape ne finit que lorsque l'enseignant est convaincu que les élèves ont appris à réaliser les signes (gestes) et à comprendre leur utilité. L'enseignant utilise les DAV, car ils permettent aux élèves d'observer les signes non verbaux conceptualisés.

Activité 1: les salutations

les salutations formelles (dans le cadre professionnel) et les salutations informelles

support : deux séquences issus de PBLV

_ Salutations informelles: Les bras des deux personnes s'ouvrent avant d'atteindre la « distance intime » (décrite par Hall, 1966), les mains touchent les épaules presque comme une étreinte, ils se font deux bises, une sur chaque joue.

_ Salutations formelles: La « distance sociale » (Hall, 1966) est maintenue, elles sourient et se serrent la main.

Équivalent linguistique: Salutations formelles : « Bonjour, enchantée de vous connaître/de faire votre connaissance ».

Salutations informelles : « Salut, c'est cool de te revoir/je suis contente de te voir, ça va ? ».

Application didactique : Les salutations informelles et formelles. Il s'agit principalement des formules de salutations qui pourraient être remplacées entièrement ou partiellement par des gestes ou par d'autres postures. Ainsi dans la scène, la communication verbale est minimisée. La question des formules de salutation en France ainsi que leurs caractéristiques kinesthésiques et proxémiques est peu traitée dans les manuels de FLE. Malgré cela, nous accordons une grande importance à l'enseignement approfondi des formules de salutations car nous avons tous besoin de ces éléments (verbaux et non- verbaux) dans notre culture. C'est l'élément qui nous rend différents selon notre provenance linguistique et culturelle. La distance, la valeur d'un contact physique, l'usage des mains ou la proximité des bises sont des aspects non verbaux qui doivent être expliqués et clairement définis dès les premiers niveaux d'un cours de FLE.

En outre, il faut considérer les différentes façons de saluer compte tenu de notre interlocuteur, un partenaire masculin ou féminin, connu ou inconnu. Dans la classification des gestes, c'est le genre qui permet de différencier l'utilisation des formules de salutations. De ce point de vue, la nécessité de fournir un espace pour l'inclusion de cette approche dans l'enseignement est essentielle.

Déroulement de l'activité

1. Les élèves travaillent en binômes. Nous visionnons les deux séquences montrant un certain nombre de personnes qui se saluent. Les élèves doivent déduire, avec l'aide d'un partenaire, quel est le type de rapport entre les deux personnes et si elles sont dans une situation formelle ou informelle. Ensuite, ils doivent rédiger un court dialogue sur ce que les deux personnes sont en train de dire. Lorsque les élèves terminent l'exercice, on effectue la mise en commun.

Ils sont ensuite invités à justifier leurs réponses (de quels éléments ont-ils déduit la relation entre les personnages? Pourquoi pensent-ils qu'il s'agit d'une situation formelle ou informelle?). Certains élèves peuvent lire les dialogues à haute voix ou même les mettre en scène. Enfin, on peut ouvrir une petite discussion sur les signes non verbaux utilisés dans leur pays dans les mêmes situations.

Remarques: Compte tenu du niveau de chaque élève, un dialogue plus ou moins complexe sera proposé. Nous pouvons aussi demander aux élèves d'écrire un dialogue pour chacune des scènes ou à chaque binôme d'écrire un dialogue plus étendu mais que d'une seule image. Aux niveaux plus avancés, cet exercice peut servir de prétexte pour des séances de conversation.

2. Après la projection la séquence sans le son, nous effectuons une *mise en commun*. Le professeur pose une série de questions sur ce qu'ils viennent de voir: De quelle salutation s'agit-il? Pourquoi? Qu'est-ce qui se passe dans la scène? Quels sont les gestes utilisés par les personnages? Quelle est la relation entre eux? Que pensez-vous qu'ils disent ?

Enfin, les élèves sont invités à dire si, dans leur pays, les mêmes gestes sont aussi utilisés pour les salutation informel entre hommes et femmes.

Les élèves sont invités à dire si, en Libye, les mêmes gestes sont utilisés pour les salutations informelles entre hommes et femmes, ou alors ils devront expliquer quels gestes s'y produisent dans la même situation. Nous expliquerons le rituel de la bise qui nous met parfois dans l'embarras. Le mieux est de faire deux bises, une sur chaque joue. Les femmes s'embrassent normalement entre elles, et parfois les hommes dans des situations amicales ou entre collègues. D'ailleurs, en France, presque tous les jeunes se font la bise chaque matin devant le lycée ou dans un bus, dans un café, cela devient un geste courant. De plus, chaque région de France diffère dans le rituel de la bise.

Enfin, nous pouvons demander aux élèves, avant le visionnement de la séquence avec le son, d'écrire, individuellement ou en groupe, un petit dialogue à propos de ce qu'ils croient que disent les personnages dans la scène. Nous demandons aux élèves quels sont les gestes que, selon eux, utiliseraient les mêmes personnages dans une situation plutôt formelle. Ainsi, nous pouvons présenter la séquence , où les signes non verbaux sont utilisés dans les salutations formelles. Ce gestes est réalisé de la même manière qu'en Libye. Dans ces situations formelles, le langage et les gestes ont tendance à être plus stéréotypés et prévisibles. Ainsi, par exemple, le vouvoiement en France est très fréquent et très rare en Libye. Par ailleurs, les cas dans lesquels cette formule doit être utilisée sont plus clairement définis que dans notre pays. En outre, dans des situations informelles, nous avons remarqué une variété plus vaste de gestes verbaux et non-verbaux qui sont utilisés en fonction de la personnalité du locuteur et de sa relation avec l'interlocuteur.

3. Nous présentons ici une série d'images issus de notre DAV sur lesquelles un certain nombre de personnes qui sa saluent apparaissent. Avec l'aide d'un partenaire, l'élève doit

déduire quel est le rapport entre les personnages et si c'est une situation formelle ou informelle. Ensuite, ils devront écrire un court dialogue pour chacune des situations.

2- Proposition d'activités pour les niveaux intermédiaires (B1-B2)

Pour ce niveau, nous préposons aux étudiants les signes (gestes) de difficulté d'interprétation moye, ces sont les gestes occidentaux qui n'ont pas d'équivalence exacte, ni à l'oral ni en contexte d'utilisation dans la langue et la culture arabes, et qui peuvent ainsi causer des malentendus. Et nous préposons aussi pour ce niveaux les signes statiques pour apprendre la dimension culturelle, interculturelle et sociale.

Activité 2: L'admiration et le langage corporel

Objectif communicatif : Marquer les différences gestuelles entre la France et la Libye. Les objectifs de ces activité pour éviter le malentendu entre interlocuteurs de deux cultures différentes la français et la libyens. Ces activités sont destinés aux élèves libyens aussi pour adapter leur comportement *à la* culture *française*.

support : séquence issus de PBLV

Déroulement de l'activité :

Sans le son, le professeur montre la scène entre l'homme et la femme et demande aux apprenants ce qu'ils comprennent de leur relation, s'ils se connaissent ou non, où se trouvent-ils, comment agit la femme, comment réagit l'homme. Puis deuxième vision avec le son pour analyser le dialogue et progressivement comprendre qu'ils ne se connaissent pas et que la femme essaye de séduire l'homme à la fois par ses mots et son langage corporel. L'enseignant terminera en comparant les deux cultures, la relation entre hommes et femmes en Libye, et celle, différente, en France, en expliquant notamment les raisons socio-économiques, avec l'émancipation de la femme qui travaille, gagne un salaire et donc se comporte progressivement comme les hommes, pour les séduire de façon parfois directe.

Activité 3 : chacun son look chacun son groupe

Objectif : Sensibiliser les apprenants à l'existence de groupes identitaires reconnaissables par des signes extérieurs distinctifs de ralliement.

support : séquence issus de PBLV

Déroulement de l'activité

- Existe-t-il des signes de ralliement (piercing, coupe de cheveux, tenue vestimentaire) symbole d'un groupe précis d'individus dans votre société? D'un courant de pensée? Ces signes extérieurs d'appartenance renvoient-ils à une musique partagée, une philosophie spécifique,

- Sont-ils uniquement l'apanage des jeunes?

- Observez les groupes particuliers dans ces séquences suivant, pour quelles valeurs véhiculent ces personnes?

- Qu'en déduisez-vous : tenues vestimentaires, marqués privilégiées, etc ?

- Comprenez-vous la référence à un groupe précis qui est ici développée?

- Êtes-vous surpris par la subtilité des caractéristiques identitaires associées à la tribu?

- Êtes-vous étonnés, amusés par la précision et la sophistication des signes distinctif utilisés par le personnage pour signifier son appartenance à ce groupe de référence (coiffure, maquillage, tenue vestimentaire) ? Par le temps de préparation nécessaire pour espérer atteindre son idéal de look ? Ce temps passé vous semble-t-il perdu ? Justifiez ?

- Évaluez l'ampleur de ces mouvements catégorisant à forte connotation identitaire dans votre culture et la culture française.

3- **Proposition d'activités pour les niveaux avancés (C1-C2)**

Dans ce niveau, l'enseignant introduit les signes non verbaux typiques de la langue et la culture françaises (les signes de difficulté d'interprétation moyenne), notamment ceux associés aux expressions idiomatiques et argotiques. Il s'agit d'un cours théorique sur le concept général de la CNV et plus précisément, des gestes. L'enseignant fait référence aux séquences de *PBLV* et aux éléments culturels français suggérés par cette analyse. Les élèves vont acquérir les bases théoriques pour le plein développement ultérieur de l'unité.

Activité 4 : Thème apprendre les expression idiomatique ou argotiques par la CNV
L'enseignant diffuse ces séquences en demandant aux élèves de compléter les exercices donnés ci-dessous sur les expressions idiomatiques ou argotiques qui expriment verbalement les actes non verbaux. Les aspects non verbaux implicites dans ces déclarations aideront à mieux comprendre leur signification.

Entourez la bonne réponse:

1. « Avoir des œillères » signifie :
   a) Avoir des lunettes
   b) Avoir de la chance
   c) Etre intellectuellement obtu

2. « Il est vraiment têtu » signifie :
   a) Il a une grosse tête
   b) Il est stupide
   c) Il a du mal à comprendre

3. « Mon œil » signifie :
   a) J'ai mal à l'œil
   b) Regarde bien
   c) Je ne te crois pas

4. « Ne pas pouvoir joindre les deux bouts » signifie :
   a) Ne pas avoir assez d'argent
   b) Avoir une corde courte
   c) Avoir ceinture qui ne ferme pas

5. « Avoir la grosse tête » signifie :
   a) Etre surdoué
   b) Avoir mal à la tête
   c) Etre prétentieux

Suite à l'activité précédente, L'enseignant donne des informations précises sur les principaux gestes français à travers un exercice. Ce sera l'enseignant qui devra lire à haute voix chacune des définitions et discuter avec la classe de la mise en œuvre et de l'utilisation de chaque geste présenté.

L'enseignant demande aux élèves de mettre en scène le monologue. Après la scène, l'enseignant commence un deuxième débat sur l'utilisation des gestes par le protagoniste du feuilleton *PBLV*.

- *Que pensez-vous des gestes?*
- *Est-elle capable de communiquer avec son corps?*
- *Avez-vous reconnu des gestes qui auraient pu vous sembler banals dans la conversation?*

L'objectif est que les élèves parviennent à réfléchir sur les différences entre l'utilisation de gestes dans d'autres pays et sur les effets de l'usage excessif des gestes dans la communication.

Pour savoir intégrer ce qui est déjà connu de façon cognitive avec le nouveau contenu, il faut savoir intégrer de nouvelles connaissances avec celles qui ont été déjà acquises par les élèves. Ceci vise à compléter leurs propres compétences culturelles et linguistiques.

Objectifs et résultats à atteindre en classe de langue :

- <u>Les objectifs thématiques</u> :
  - Présenter aux apprenants un sujet de grand intérêt culturel comme un DAV, tout en mettant en évidence la culture française représentée dans le feuilleton *Plus Belle La Vie*.
  - Convaincre les méthodologues de choisir des documents authentiques intéressants en classe de FLE.
  - Favoriser la connaissance des signes statiques dans la société française.

- Faire une réflexion comparative sur les similarités et divergences entre les deux cultures.
- Développer la conscience et la réflexion critique des apprenants sur les différentes variables sociales et culturelles ainsi que les expressions existantes au sein d'une communauté linguistique.
- Présenter aux élèves l'aspect non verbal typique de la communication en France et les sensibiliser sur son importance pour l'obtention d'une «aisance culturelle».
- Promouvoir une sensibilisation interculturelle chez les apprenants, leur proposer un pas vers la « transculturalité ».
- Développer des attitudes positives face à la diversité linguistique et culturelle.

• <u>Objectifs de communication</u> :
- Augmenter la capacité des étudiants à agir dans des contextes de communication variés.
- Aider à reconnaître et à lire les messages implicites dans la communication.
- Encourager la réflexion et la prise de conscience métalinguistique et méta-pragmatique.

• <u>Objectifs discursifs :</u>
- Savoir comparer les différentes formes discursives qui caractérisent le pays d'origine et la langue cible, et les adapter en fonction des situations.
- Savoir accompagner les expressions verbales avec les expressions non verbales correspondantes et savoir les adapter aux différents contextes d'utilisation de façon appropriée.

• <u>Objectifs linguistiques :</u>
- Augmenter la richesse en vocabulaire des apprenants concernant la rédaction et les expressions colloquiales et/ou idiomatiques qui expriment clairement l'aspect non verbal.
- Développer les connaissances et l'utilisation des formules expressives verbales et non-verbales propres à la culture française.

• <u>Objectifs sociolinguistiques :</u>

- Présenter auprès des apprenants les principales perspectives sociolinguistiques de la culture française à travers un moyen international de diffusion: le feuilleton.
- Développer la connaissance de la gestuelle typique de la culture française dans le cadre de la communication non verbale.
- Permettre aux apprenants d'acquérir non seulement l'aisance de la langue mais aussi la maîtrise de la culture, en évitant le phénomène de transposition entre la langue d'origine et la langue cible.

• <u>Objectifs stratégiques</u> :
- Permettre aux étudiants, grâce à la compréhension réelle du contenu, de surmonter les obstacles pragmatiques ou d'autres problèmes liés à l'utilisation des expressions idiomatiques ainsi que les gestes ou les expressions non verbales.
- Acquérir une compétence linguistique et culturelle liée à des stratégies verbales et non verbales pour mettre en valeur en particulier l'aspect de la communication non
- verbale et de la kinésique dans l'étude d'une langue étrangère.

• <u>Objectifs interculturels</u> :
- *Savoir être* : Développer la capacité de critique pour comparer les aspects culturels verbaux et non verbaux entre la Langue 1 et la Langue 2.
- *Savoir* : Fournir les outils nécessaires pour être en mesure de discerner les différentes variétés culturelles et linguistiques propres au français verbal et non-verbal.
- *Savoir-faire*: Donner aux apprenants tous les outils afin qu'ils puissent gérer les éléments verbaux et non verbaux pour qu'ils se débrouillent dans toutes les situations possibles.
- *Savoir apprendre*: Amener les apprenants à la conclusion que les différences culturelles ne comportent pas forcément un rejet de la coexistence et de la compréhension mutuelle, afin qu'ils puissent faire face à l'étude de ces phénomènes avec l'ouverture d'esprit nécessaire.
- *Savoir comprendre*: Encourager la réflexion et la prise de conscience métalinguistique et métaculturelle.
- *Savoir s'engager* : Développer une prise de conscience chez les apprenants qui permettra leur intégration dans la langue cible tout en faisant des comparaisons, sans

oublier, bien entendu, leur propre culture et leur propre langue verbale et non-verbale.

Chapitre 10: Expérience la CNV en classe de langue

Un des objectif que ce travail vise à atteindre c'est de rendre faisable l'étude de la CNV dans la salle de classe, ce qui constitue l'objet primordial de notre analyse. Ainsi, ces questions ne resteront pas dans le cadre purement théorique. Pour cette raison, une fois l'unité d'enseignement réalisée, nous avons réfléchi à l'importance d'une application pratique, bien que partielle, de cette unité. Cette transition de la théorie à la pratique, du manuel d'enseignement à la vraie pratique dans la classe est nécessaire et importante pour une raison toute simple: la nécessité de dépasser le concept de l'enseignement artificiel, la séparation encore évidente entre ce qui serait le mieux à faire et ce qui est réellement fait dans un cours. Un des problèmes auquel l'enseignant doit faire face est la création, dans le cours, d'un monde complètement différent (environnement artificiel), inconnu et qui se trouve à des milliers de kilomètres (L/C2). Grâce à notre analyse, et à la proposition de l'unité d'enseignement, nous avons essayé de fournir certains instruments ou certaines sources d'inspiration pour réussir à rapprocher, autant que possible, la réalité française auprès des élèves. Nous voulons aussi vérifier par nous-mêmes si les tâches que nous avons créées pourraient être efficacement menées dans une salle de classe et si les élèves ont tiré un certain bénéfice de l'apprentissage de ces contenus. Évidemment, nous ne pouvons pas mettre en place toute l'unité d'enseignement au cours d'un seul cours. Nous pouvons, en revanche, faire une sélection de certaines tâches qui pourraient être effectuées lors d'un cours. Nous ne pouvions pas procéder selon tous les paramètres que nous avions fixés pour l'organisation de l'unité. Cependant, nous avons essayé de faire cette petite expérience tout en prenant compte de la plupart des paramètres. Notre objectif n'est pas celui de présenter une étude approfondie de l'application de notre unité dans la salle de classe ; pour cela, il nous faudrait beaucoup plus de temps et d'espace. Nous cherchons à montrer par un petit exemple comment sa réalisation pratique est possible. En outre, nous avons voulu observer et interpréter les réactions des élèves face à ces nouveaux contenus d'apprentissage.

Discussion

Dans notre étude, nous voulons contribuer à l'analyse des éléments non-verbaux dans une perspective linguistique, culturelle et didactique. Notre attention s'est portée aussi sur la collaboration entre l'analyse du discours oral dans la CNV et l'enseignement du FLE, indispensable à la réalisation de cette étude. Il est en effet nécessaire que la CNV soit incluse dans les programmes d'enseignement des langues étrangères.

Toutes les mesures que nous avons prises au cours de cette analyse étaient en accord avec notre objectif : proposer une façon d'enseigner la CNV à partir d'un corpus particulier et précis. Parmi les nombreux aspects non-verbaux, notre analyse s'est concentrée sur les gestes des Français identifiés dans le feuilleton ***Plus belle la vie***, sans y négliger la relation fondamentale des aspects non-verbaux (kinésique, proxémique, paralangage et chronémique) déjà existante entre eux et avec la langue. Nous avons également pris en compte l'importance des signes statiques comme «valeur éducative » de la CNV pour enseigner/apprendre la dimension culturelle et interculturelle de la culture cible.

Nous avons mis l'accent sur la valeur culturelle de la communication non-verbale comme une représentation des habitudes et des activités quotidiennes au sein de toutes les communautés linguistiques. L'identification culturelle de ce sujet d'étude justifie et confirme l'importance de son inclusion dans l'enseignement de la langue et de la culture d'appartenance. Comme cela a été officialisé par le CECR, la compétence socioculturelle doit être enseignée comme toutes les autres compétences linguistiques pour enrichir le bagage culturel des apprenants.

La culture française influe profondément sur les formes d'expression (verbale et non-verbale) des apprenants, en plus du fait que la connaissance des éléments non-verbaux utilisés par les Français lors de l'interaction permettra aux étudiants d'éviter les malentendus et les incompréhensions. En outre, les apprenants réduiront le risque de faire une traduction littérale lors du décodage d'un message et de créer ainsi de faux stéréotypes sur la culture étrangère.

Pour compléter notre recherche de matériaux, nous avons décidé de revoir l'outil ultime d'enseignement : le manuel de FLE. Ce travail a été nécessaire pour savoir exactement si le sujet de la CNV est déjà, d'une certaine façon, traité et dans quelle mesure il l'est. Surtout, il était intéressant de découvrir quels sont les aspects non-verbaux qui restent à approfondir dans les méthodes d'enseignement. Les résultats de notre analyse ont montré la presque existence des contenus non-verbaux dans les manuels de FLE au niveau débutant et son absence aux niveaux plus avancés de l'apprentissage (B1, B2 et surtout C1) du CECR.

L'aspect non verbal qui semble avoir le plus d'importance car le plus fréquent dans ces manuels est celui des formes de salutation. Cependant, d'autres aspects tout aussi importants sont laissé de coté : kinésiques, proxémiques et paralinguistiques. Ces résultats nous ont motivés à poursuivre notre recherche, en insistant sur leur intérêt didactique.

Les considérations précédentes composent la base théorique et méthodologique nécessaire à notre travail.

Le rapport entre les variables sociolinguistiques est essentiel pour identifier les gestes qui méritent d'être inclus dans l'enseignement du FLE. La notion de « variable » se manifeste dans le niveau culturel et dans l'idée associée aux différents rôles sociaux des hommes et des femmes (Genre) ; aux différentes tranches d'âge qui créent différents groupes linguistiques et culturels. Finalement, la notion de variable va se manifester aussi par la classification socioculturelle des acteurs/locuteurs d'une autre langue et d'une autre culture. Les données de notre corpus basé sur le feuilleton *Plus Belle La Vie* confirment l'existence d'une variable verbale et non-verbale en fonction de l'âge, du genre et de la classe sociale d'appartenance.

Conclusion

Les tâches sont conçues d'une façon cohérente avec le corpus analysé. Nous avons proposé l'apprentissage de tous les signes non verbaux et les catégories gestuelles définies et statique. Chacun de ces paramètres sera représenté par cette sélection de signes plus appropriés à nos objectifs pédagogiques et au groupe d'apprentissage ciblé. On a également tenu compte des classifications fonctionnelles : accompagner, remplacer et réguler ce qui est dit verbalement.

Il est laissé au choix de l'enseignant la décision d'approfondir chacune des variables proposées pour l'enseignement des signes non verbaux. L'attention spéciale est portée aux signes que nous avons recueillis dans notre inventaire. Chaque exercice a été créé à la suite du feuilleton et/ou du script du réalisateur français de *Plus Belle La Vie*.

De plus, la question de phraséologie, les proverbes et les expressions idiomatiques ont une relation étroite avec le geste. Dans de nombreux cas, il ne s'agit que d'une phraséologie verbale des éléments non-verbaux. Nous avons choisi ces sujets car notre corpus linguistique comporte de nombreuses scènes où les éléments phraséologiques sont souvent associés à des actes et des gestes non-verbaux.

Paramètres des gestes dans *Plus Belle La vie* :

° Le paramètre « Genre » met en évidence l'aspect « féministe » du feuilleton. Cette fonction permet de confirmer que les femmes utilisent davantage les gestes que les hommes, et surtout dans des contextes de forte charge émotionnelle.

Comme on peut partiellement le constater dans les exemples proposés sur la différence gestuelle entre les hommes et femmes, dans ce feuilleton les femmes sont souvent dans des états émotionnels extrêmes, dus à la psychologie complexe et la condition de femmes qui se rebellent contre les rôles sociaux établis. Ceci fait que, souvent, elles souffrent de désespoir et de situations difficiles. Dans ce contexte, nous pouvons affirmer que l'émotion théâtrale est une constante dans tout le feuilleton *Plus Belle La Vie*, et que les actrices vont donc s'exprimer à travers des gestes pour montrer leur état d'esprit.

En ce qui concerne la variété gestuelle selon le genre des locuteurs, nous n'avons pas pu trouver d'exemples de gestes utilisés exclusivement par les femmes ou, vice-versa, seulement par des hommes. Cependant, nous avons constaté la réalisation d'un des gestes les plus représentatifs : celui concernant les salutations en fonction du genre : les femmes se font la bise dans un contexte amical ou familial, et se serrent la main dans un contexte plutôt professionnel. Les hommes, en revanche, se serrent la main en toutes circonstances. Ils ne font la bise qu'aux autres hommes de la famille proche.

° En ce qui concerne le paramètre «Âge», nous pouvons dire que le feuilleton se caractérise par la présence, en général, de jeunes acteurs. La plus grande gamme est celle des Adultes (entre 20 et 50 ans). En ce sens, grâce aux données relatives à la sous-catégorie «Jeunes» et «Seniors» (nombreuses dans le premier cas, et rares dans le deuxième), nous pouvons dire que *Plus Belle La Vie* parle de la jeune génération de son pays. Les gestes des jeunes reflètent le langage familier et propre à l'étape de l'adolescence que les jeunes utilisent tous les jours.

En revanche, les seniors s'appuient sur des gestes pour souligner la mélancolie et la nostalgie du passé. En ce sens, les mouvements du corps servent à renforcer des souvenirs et à insister sur l'idée du temps passé que les paroles des locuteurs laissent sous-entendre.

° Le paramètre «socioculturel» indique que les personnages principaux du feuilleton appartiennent principalement à deux niveaux socioculturels : la classe moyenne et la classe populaire. Nous avons remarqué l'existence d'une gamme de répertoires linguistiques très limitée chez les locuteurs appartenant aux couches sociales inférieures. Dans cette classe sociale ayant un niveau culturel faible, la fréquence d'utilisation des même gestes est très élevée car les gestes aident les intervenants les moins instruits à s'exprimer vu leur répertoire de vocabulaire limité. Ces locuteurs vont alors répéter les mêmes gestes (simples) plusieurs fois car ils n'ont pas la possibilité d'associer des gestes avec les expressions verbales.

Ces résultats nous permettent d'affirmer que le fait de considérer et intégrer les éléments de communication non verbale lors de l'enseignement d'une langue permettra une meilleure compréhension de la langue cible chez l'apprenant. En plus, cela leur permettra de se débrouiller avec plus de sécurité et de confiance dans des situations de communication en-dehors de celles propres à leur langue et leur culture.

La valeur éducative des gestes est façonnée avec plus de précision grâce à la classification fonctionnelle. Les données que nous avons extraites de ces classifications ont ajouté des caractéristiques importantes à la sélection des gestes qui sont rassemblés dans l'inventaire et, plus tard, dans l'unité d'enseignement :

Les résultats démontrent un fait déjà mentionné auparavant : la tendance chez les Français à utiliser des gestes pour mettre l'accent sur leurs paroles. Cette attitude permet aux non-natifs d'identifier les Français comme étant des locuteurs avec une attitude jugée parfois « agressive» lorsqu'ils parlent. Du point de vue de notre objectif d'analyse, ces classifications nous ont permis de distinguer les gestes recueillis selon les considérations ou exigences fondamentales pour leur inclusion dans l'enseignement de FLE.

Grâce aux exemples que nous avons proposés pour chaque catégorie, il est possible d'identifier quels sont les gestes les plus communs qui répondent le mieux aux exigences d'une valeur éducative. Ces signes non verbaux se trouvent dans les activités pédagogiques ultérieures proposées par l'unité d'enseignement que les étudiants devront mettre en place en classe de FLE. Nous avons retenu seulement les signes non verbaux qui répondaient le mieux à nos conditions et exigences pour leur conférer une valeur éducative mais aussi les gestes qui s'adaptaient le mieux à nos besoins d'enseignement.

Toutes les activités théoriques ont une relation avec (ou sont inspirées par) *Plus Belle La Vie*, qui a été le moteur de notre étude. Les tâches ont été réparties selon les quatre étapes de l'apprentissage d'une langue étrangère : l'engagement, l'exposition, l'intégration et l'application. Dans le «Guide de l'enseignant» des manuels analysés, nous indiquons qu'aux niveaux plus avancés (C1), il y a de nombreux sujets linguistiques qui pourraient être associés au thème de la CNV.

Pour une collecte de données plus vaste, il faudra plus d'expériences pratiques de ce genre en classe, avec des apprenants d'origines diverses, afin de vérifier l'efficacité d'une méthode d'enseignement avec des étudiants de cultures et langues différentes. Il reste également à mettre en œuvre plus d'activités pédagogiques à partir des supports DAV, manquant très souvent dans les méthodes de FLE aux niveaux intermédiaires et avancés.

Bibliographie

- Anderson, P. A. (2007). In different dimensions: Non-verbal communication and culture. In L. A. Samovar, & R. E. Porter (Eds.), Intercultural communication a reader (10th ed.). Shanghai: Shanghai Foreign Language Education Press.

- COSNIER, J., & KERBRAT-ORECCHIONI, C. (Eds.). (1987). *Décrire la conversation.* Lyon: Presses Universitaires de Lyon.

_ CONSEIL DE L'EUROPE, 2001, *Cadre Européen Commun de Référence pour les Langues*, Division des Politiques Linguistiques : Strasbourg

_ HALL (Edward T.) - L'anthropologue du non verbal - in : Revue Psychologie

_ Hall Edward, 1971, La dimension cachée, trad. de l'anglais (États-Unis) par Amélie Petita, Seul, Paris

_ Halliday, M.A.K. (1994). An Introduction to Functional Grammar. London: Edward Arnold.

_ Kerbrat-Orecchioni, C., 1990.Les interactions verbales. Tome 1, Paris: A. Colin.

_Knapp, M. L., & Hall, J. A. (1997). Nonverbal communication in human interaction (4thed.), Belmont, CA: Wadsworth, Thompson Learning.

_ LANCIEN, Thierry (2004) : De la vidéo à Internet : 80 activités thématiques, Paris, Pratiques de classe, Hachette Fle.

_ Lancien, Thierry (1991) : *Les documents vidéo dans la classe des langues*, CLE international, Paris.

_ Malandro, L. A., Barker, L. L., & Barker, D. A. (1989). Non-verbal communication (2nd ed.). New York: Random House.

_ POYATOS, Fernando (2002a). Nonverbal Communication Across Disciplines, Vol. I:Culture, Sensory Interaction, Speech, Conversation. Amsterdam/Filadelfia: John Benjamins.

- Poyatos, Fernando. 1994. La comunicación no verbal, Vol. I. Cultura, lenguaje y conversación; Vol. II: Paralenguaje, kinésica e interacción; Vol. III: Nuevas perspectivas en novela y teatro y en su traducción. Madrid: Ediciones Istmo.

Oui, je veux morebooks!

i want morebooks!

Buy your books fast and straightforward online - at one of world's fastest growing online book stores! Environmentally sound due to Print-on-Demand technologies.

Buy your books online at
www.get-morebooks.com

Achetez vos livres en ligne, vite et bien, sur l'une des librairies en ligne les plus performantes au monde!
En protégeant nos ressources et notre environnement grâce à l'impression à la demande.

La librairie en ligne pour acheter plus vite
www.morebooks.fr

VDM Verlagsservicegesellschaft mbH
Heinrich-Böcking-Str. 6-8   Telefon: +49 681 3720 174   info@vdm-vsg.de
D - 66121 Saarbrücken   Telefax: +49 681 3720 1749 www.vdm-vsg.de

www.ingramcontent.com/pod-product-compliance
Lightning Source LLC
Chambersburg PA
CBHW020059020526
44112CB00031B/501